JN412002

길 위에 시간을 조각하다

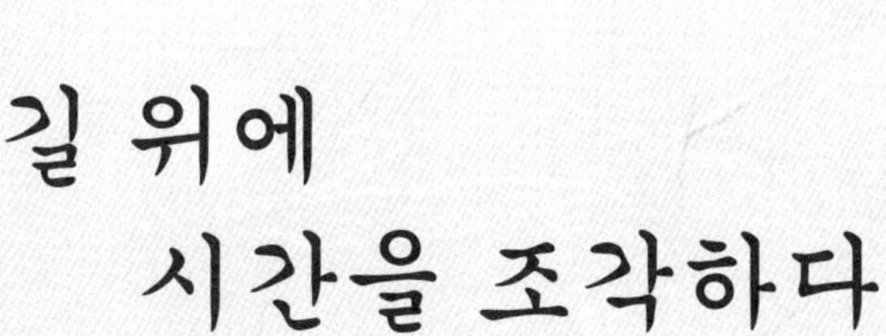

김 재 희 제3시집

도서출판 천우

서시

허공중에 날리는

풀씨 하나 떠다니다가

무수한 별 그중에 아스라이 작은 초록별

어느 틈새에 떨어져

살다 꿈꾸다

돌아가는 나그네

노을 진 길가에 한 송이

달맞이꽃이 피었다

2025. 10. 19.(음 8. 28.)

별빛 초롱한 '부엉이 영토'에서

제1부

창에 걸린 수목화

● 서시

제2부

도시의 추상

제3부

당신의 탄일

제4부

너에게로 난 꿈길

제5부

길 위에 시간 위에

제1부

창에 걸린 수묵화

다래골 단풍경

쏟아진다. 춤을 춘다
온 골안 휘덮는 울불긋 불보라
너울지다 우수수 부서진다

너울 사이로 감아 돌아
불 고랑으로 들어서는 초인
이랑 위로 떴다 진다

흩날리는 불꽃 파편 너머로
에두른 장삼자락 날리며
흐느적 떠 있는 바위섬 하나

불티 하나 집어 들어
앙가슴 질러 볼까
차라리 불바다에 풍덩 빠져볼까

휘감아 타오르는 환희로
불사르고 싶은 충동
두근두근 가슴이 울렁인다

굴려온 동천(洞天)

산모퉁이 고랑길 가다
발부리에 채이는 것이
호리병에 갇힌 손오공 마냥
겨우 반 얼굴 드밀고 있던
무구돌 하나가 기이하고 안쓰러워
굴려다 정원석으로 세워놓고
난 붙이고 구리향 심고
갈라진 틈으로 물 내렸더니
산수 동천이 완연한데
다만 선인이 없구나 하다가
한 와우(蝸牛) 선사가
우람한 와가(瓦家) 한 채 짊어지고
어슬렁 들어와 터를 잡는다

달팽이와 노인

묵은 돌멩이 하나
산비탈 굴러 내려오느라
사나흘이나 시름하다

젖 빨던 힘 다 모아도 모자라
땀 범벅 망구 울력으로
겨우 마당 안에 들이어 놓고

울돌목 해전이나 치러낸 양
기진맥진한 장수처럼
긴 파람 한숨 몰아 내쉬는데

산더미만 한 집을 짊어진
달팽이 한 마리가
힐끔 흘기고 지나간다

창에 걸린 수묵화

창 두드리는 울음소리에
선잠 깨어 두리번거리다가

유리창에 수묵화 한 폭이
요동을 치고 있다

비스듬이 고목 뒤로 달 숨어
태질하는 가지 사이로
소쩍소쩍 비명이 걸려있다

산인(山人) 고목 등걸 세워놓고
매화 그리다 잠든 사이

선인(仙人) 매화가지 붙잡아
두견새 울음 그려 넣었던가

거꾸로 서 있는 것들

버섯인가 했더니
도토리였다

갈잎 틈 비집고
머리 디밀고 있는

하늘 우러러 바로 서 있는 것은
가슴팍에 구멍이 뚫려 있다

땅에다 뿌리박고 있는 것들은
모두 거꾸로 서 있다

봄이 오는 길목

생기가 도란거린다
숲속 개울 건너 저 안에서

산들산들 나뭇가지 사이로 바람 소리
조랑조랑 틈새 바위 안으로 샘물 소리
비발디 선율을 타고 흐르는
봄기운이 역력하다

겨우 내 얼음장 밑으로
감추어 숨겨 두었던 샘이
시안 삼동 눈발 안에
숨어 봉해 두었던 망울이

징검 징검 건너오고 있는 봄
철부지 동장군이 저만치에 서 있다

금난초

눈발 속에 봉긋
노란 꽃 한 송이

폭탄처럼 쏟아 부은
무덤 같은 눈 더미 속이

오히려 네겐
포근한 이불이었나 보다

고운 모습 그대로
오롯이 헤어 나오니

진노랑 그리움 하나로
장설이 녹아내린다

아우성의 분수

불끈 치솟아
온몸을 부리어 부서지는 절정

차라리
불 대공으로 솟아올라 타버리는
열락한 한 송이 불꽃

물 진자리
용트림으로 차오르는
또 하나의 탄생

초하의 밤
마당 한 복판의 무량한 감동

서 있는 바위

구름에 갇힌 바위
발뒤꿈치 들고 서 있다

당초 거기 있는 연유는
하늘 우러러 님 그려
억년 공 드려 올라선 바위

떠도는 구름 한 자락
허리에 감기더니
한바탕 무산몽(巫山夢) 헤매다가

저물어 외론 바위
길게 늘인 목 간절함은
선한 바람 한 줄기

난(蘭)의 침묵

은밀한 산골 잔설 틈새로
살그머니 올라온 풀꽃 한 송이

순정한 꽃잎 홀로 맑고
청정한 향기 골 안에 자욱하다

소리 없이 번지는 향에
웅크린 봄이 기지개를 킨다

가을밤의 진심

누가 부어 놓았을까
어둠에 어둠을
태고의 침묵 위에

어느 누가
저 어둠에 반짝이는 눈물을 뿌려놓고
건널 수 없는 강을 흐르게 하여
베 짜는 소녀의 하얀 목덜미를 젖게 하는가

어느 누가
숨어 우는 소쩍새를 불러내어
밤 새워 피 울음 울게 하여
잠 못 이루는 산인(山人)의 간장을 녹이는가

한여름 천둥으로 망울 맺어
서릿발에 핀 들국화 한 송이가
하얗게 어둠을 지우고 있다

겨울비

대설 절기에 비상한
겨울비로 용마루 휘어지던 밤

거먹구름에 얼룩구름 엉기어
거품을 물고 애워싼 하늘에
하늘이 안 보인다

촛불에 들려 몰려나오는
허기진 아우성으로 가득한 길에
길이 없다

찬비에 젖은 사시나무들은
꾀를 벗은 채 어리벙벙
놀란 눈으로 파르르 떨고 있다

겨울비 내리는 추운 밤에
하늘이 안 보인다

노인

숲속 저만큼 외진 곳에
구부정하게 서 있는 고목나무 한 그루
옆구리 삭은 구멍, 죽어있는 가지는
근 백 년 감당하기 힘든 세월의 흔적이다

매운바람에 마른기침 숨 몰아쉬며
찬 눈발 온몸을 휘몰아 감아도 의연한 것은
뭉뚝 마른 몸뚱이 저 속에
아직도 더운 피가 흐르고 있기 때문이다

마지막 계절 겨울나무는
하늘 땅 가득 가슴 벅찬 폭설을 기다린다
새하얀 웨딩드레스 덮어쓰고
거룩한 임 맞이하는 신부의 꿈을 꾸면서

그새 오월

철쭉꽃 넝마가 걸려있는 너머로
넝쿨장미가 빨강 꽃잎을 피워올리고 있어요
모란꽃 떨어지는 비명을 짓밟고
개나리가 환호하던 잔인한 사월이 그랬듯이

진 잎이 꽃잎이
오월이 왔어요

소망이 허망이
한 마당 안에서 피고 지고 있어요

어스름에 눈을 뜬 부엉이가
노란 눈망울을 끄먹끄먹 궁굴리고 있어요
만상은 시작하고 끝나는 그새에 있다는 것을
알고나 있다는 듯이

입추

바람도 안 부는데
붉다 만 사과 하나가
툭 떨어진다

아직은 반바지 차림
맨발로 서 있는
늙은 사과나무 발등 위로

펄펄 끓는 늦더위에
활화산처럼 폭발하는 열정으로
옹골지게 달린 열매였다가
까맣게 타들어 간 가슴앓이 자국이 역력하다

아픈 사과 등 타고
더듬더듬 귀뚜라미 한 마리가
성큼 올라선다

동백꽃 기별

용마루 휘어진 집으로
산까치 한 마리가 날아와
기웃기웃거리다가

문설주에서 떨어져 뒹굴고 있던
쪽지 하나 물고 불산 쪽으로 날아간 뒤
눈발 몰아치는 속으로
어느 마파람 한 줄기 불어와

죽은 듯이 서 있던 동백이
빨강 꽃망울을 터뜨리고 있다

설중매

아닌 감춘(酣春)에
세상을 뒤덮는 철부지 폭설이어도
매화 향은 이미
눈발 안에 그윽하다

삼월의 복음

삼월에는

가만히 땅에 귀 기울이면
땅속에서 움트는 소리
땅 위에서 새살 돋는 소리

소리 밟고 일어서서
파란 하늘 우러러 몸 기울이면
새로워라시는 임의 음성

저리로써
삼월은 파란 아이로
거듭나는 계절

허망한 태공

부리를 날갯죽지에 파묻은
빨강 머리 재두루미가
꺾인 발목을 물에 담그고
외다리로 서 있다

물 안에서 항문으로 기다가
물 밖으로 날아오른
변태 애벌레 한 마리가
두루미 등을 타고 앉는다

물 안에 꺾인 다리이듯
물 밖을 나는 지느러미이듯
허망한 태공의 낚싯줄에
이솝 우화 한 수가 달려 나온다

여의나루 노을

구름아 노을아
천진한 무논배미 둠벙에서
풍덩 빠져 놀던 꾀복쟁이 동무야

파아란 하늘을 건너가고 있구나
바람에 찢기고 천둥에 피멍이 들다
비로소 가슴띠 끌러 해를 안고
황홀한 춤으로 저물어 가면
품을 가슴도 없는 나는
더 얼마나 숨 참고 깊어져야
너에게로 닿을 수가 있는 것이냐
여의나루 뚝방에 홀로 서서
바라만 보고 있구나
삭풍 불어오면
서릿발에 베인 발목이 아려
기러기 우는 저녁에

구름아 노을아
품어 안을 수 없는
고운 여인아

제2부

도시의 추상

동굴로 들어간 도인(道人)

동굴 안 기찻길 옆 동네에 가면
길갓도인들을 만날 수 있다

저마다 제 몸체만 한 집 한 채씩 짊어진
달팽이 도인들이 살고 있다
목은 어깨 움 안 깊숙이 오그리고
더듬이는 이미 녹슨 위성 안테나
지상 전파는 단절된 지 오래다
벼랑박에는 마른 눈물 자국을 그려놓고
오를 수 없는 벽은
쳐다보지도 말라는 것이
그들의 면벽 화두다

동굴 밖 파란 하늘은
등만 시리다

낙엽의 전설

— 미완의 책사 사마의

마지막 가랑잎 하나
갸웃갸웃 내려앉는다

마르고 뒤틀린 앙상한 갈잎
찢기고 할퀸 자국마다
구구한 전설 매달은 채

맹렬 풍랑에 돛 찢기고
노 부러져 난파 눈 아래 둔
만리창파 떠있는 거함

움 벌고 나온 망아지
호걸 영웅 틈 비집고 올라
삿대를 잡았다

파도 너울져 밀려오면
너울 고랑에 어리진 치고
돌풍 타래 쳐 몰아오면
타래 골에 학익진을 두르고

암초 황파에 치받치면

육도삼략 접고 펼치며
호걸 영웅 앞세워 떠나보낸
백전일승의 미완성 책사

구유 한 통 속 말 세 마리
한 판 자웅으로 갈외던
마구지기 북망산으로 보내고

반려 남생이 돌려보낸 뒤
낙수에 홀로 선
늙은 가리온 사마의

남은 기력 모아
사위는 신선무로 소진하고
지그시 감은 눈 반가좌

길 가던 시인이 주워 담으니
웅재는 책갈피 속에서
영면에 들어간다.

오산(烏山) 가는 길

소산 너머 먼 길 떠나는
친구 환송하러 가막산에 다녀왔다

지하철 안에는 별별한 사람 다 있다
저마다 타고 내리는 역은 달라도
철길은 일호선 오산(烏山) 방향 한 길 이다

철봉 붙잡고 매달려 있는 고딩
깨알 글씨에 줄그으며 눈 박은 것이
큰 꿈 꾸기로 작정을 한 듯하다

경로석 독차지하고 앉은 할배
정치 걱정으로 침 튀기며
백년이나 더 살 것 같은 기세다

그 사람들 모두 오산역에서 내렸다
저마다 제 갈 길로 간다지만
가막산을 벗어나지 못 할 것이 분명하다

친구는 미소로 절을 받고 있었다
언젠가 전철에서 덜 늙은이 윽박질러
잠시 좀 앉자고 자리 빼앗더니

초승달 우러러

초승달이 유난히 곱다
사흘 만에 떠 오른 조각달
오라 빛에 눈이 부시다

향품 들고 간 세 여인
옮겨진 돌문에 놀란 새벽

사흘 암굴에 눈감아 있다
스스로 문 열고 나와
두려워 숨어 있는 열한 사도
다락방으로 찾아들어

갈보리에서 진 그믐달
창 자국 못 자국 보이며
일러 깨워 주시고

두려운 밤 어둔 길
다시 밝혀 주시고자
초승달로 떠올라

가시둥지에 알 품고 있는
까치 등 어루만져
선한 초생(初生) 잉태 하는

노오란 초승 달빛 아래
내가 있음에
두 손을 모은다

지하철에서 만난 코린토스 왕

노약자석에 하얀 머리
역사(力士) 할배가 앉아있다

손마디엔 옹이가 박혀있고
뭉뚝한 팔뚝 이두근은
울퉁불퉁 구리줄이 감겨 있다

소도방 손아귀 수첩 달력엔
'한나절 일했음' '반나절 일 나감'
깨알 글자가 다문다문 채워있다

굽은 등 숙은 머리
눅늘어진 대시기 너머로
얹혀있는 등짐 보따리

올려도 올려도 다시 올려도
떨어져 굴러 내리는
너무 무거운 바윗덩이

경로석에 하얀 머리
시지프스* 할배가 앉아있다

* 시지프스 : 그리스 신화 인물

물때 놓친 목선

썬 물 베고 누운 돛배
돛대 너무 무거워
버둥거릴 기운마저 없다

먼 바다 고래사냥 해볼까
너무 큰 돛대 세우다
용골(龍骨) 부러지는 줄을 몰랐다

갯물은 삭은 배 틈 헤집고
나들어 차오르는데
가물한 뻴 울음만 가득하다

돛만 높이 올리면 밀물 타고
너른 바다 나갈 수 있다고
아비는 큰 돛대 만들라 했다

머언 바다 너울소리 물어 나르는
풍경 안에 꽃게들 부산한데
우람한 돛 작은 배는 기진해 있다

외대박이 꺽인 허리 타고
황해로 건너가는 노을 한 자락
찢어진 깃발 위로 나부낀다

봄 마실

물안개 피어 버는
다래골 개울길

하얗게 젖어 흐르는
고랑물 소리에 마음 정구고
손 씻어 살가운 바람결

너럭바위 걸터앉으면
저만치 아랫멀 사람 보기에
구름 위에 선인(仙人)

달달한 라떼 한 잔에
도란도란 세상 이야기로
마주 앉은 할배 할매

강아지 맨 줄 풀려
달아난 줄도 모르네

오는 길 가는 길

허겁지겁 걸어온 길
푸서리길 후밋길 벼룻길 자욱길

온 길은
온통 바삐 바삐 달려온
지름길이었어도

돌아가는 길은
돌아 돌아 쉬엄 쉬엄
에움길로 가고 싶다

해찰도 하면서

이만 칠천 삼백 예순 개의 낙엽

미처
생각하지 못 했다네

저렇게 수북이 쌓인 낙엽을 보고도
무수히 버려진 오늘을

오늘은 그냥 보내고 내일은 놓치지 않아야지 하며
오늘을 허비하면서 내일을 기다리던
이만 칠천 삼백 예순 날을

그렇게
다 버렸다네

무지한 의인

삭은 뼈 앙상해도 우람한 고사목
초록의 추억이 안쓰러워

슬픈 전설이나 살려내어 볼까
마른 뿌리뼈 틈새로
겨우 심어 올린 능소화

햇빛 가릴 새라 곁 나무 쳐가며
올봄에는 꽃 볼까
애태워 기다려 온 삼 년

따끈한 초하의 땡볕이어도
움이 터질 기미 없더니
작신 잘린 허리 토막이 나 있다

어느 무지한 의인
죽은 나무 살리겠다고
산 나무 허리 꺾어놓았던가

만천하 하늘길

— 단양 스카이 워크에 올라

오금 저린 느림보강 잔도
금수산 벼랑에 매달린
가파른 등성이길 숨차 오르면

솔향 자욱한 웃바위 마루에
구름 위로 허공에 떠있는 유리길
벌벌 걸어 하늘로 난 길

저만치 먼발치로 물안개 너머
산자수려한 도담삼봉 구담봉
겹으로 두른 열두 폭 팔경산수병

발아래 아스라이 저 건너
멍에 벗고 웅크리고 앉아 있는 황소
우낭(牛囊) 휘어감은 비단 한 자락

노을에 젖은 단양강 강선대
임 실어 보낸 황포돛배는 무심한데
두향*의 눈물인 듯 글썽이는 윤슬

* 두향 : 단양 관기, 퇴계(退溪)를 사모했던 여인.

나는 외계인

나는 외계인
블랙홀 건너 아득한 별에서 온

초록별에 사는 너를 만나던 날
두근거리는 가슴으로
너는 초록 노래를 불렀고
나는 하얀 별자리 이야기를 하였지

너는 햇빛에 그을린 초록색
나는 달빛에 바랜 하얀색
내 차가운 손으로
네 따뜻한 가슴을 더듬으며 속삭였지

신검을 찾아 시간의 문을 열어
한 배를 타고 은하 건너
신비한 별나라 여행을 떠나자고

산인의 맑은 복

오늘은
멍하니 서서

빈 하늘을 바라보았다
새 한 마리가 맨몸으로 활공을 하고 있다

빈 산을 바라보았다
겨울나무가 꾀를 벗고 햇볕을 쬐고 있다

그리고 빈 마당에는
바람을 먹고 있는 산인이 서 있다

오늘은
그냥 배가 부르다

일향(一向)

나울나울
패랭이꽃 꿀 무덤을 핥는
하얀 나비

살금살금
엄마 품 젖무덤을 더듬는
울 아가

향(香)은 달라도
향(向)은 하나

옥나비의 춤

가슴 속으로 날아들어
나울나울 제 살을 사르는
옥나비를 본다

청대 울음소리 밟아 사위는 춤
응어리진 피가 출렁이고
멍울진 한이 윤슬로 일렁인다

휘휘 열두 폭 빙그르르 몰아
감아 피워내는 손끝에서
합죽선이 비명으로 찢어진다

다문 입술 설운 미소가
열락으로 흐드러져
허공중으로 타 오른다

적막

먼지 자욱한 빈방
탁자 위에 놓인 빈 잔

마른 앙금에 잠긴
뜨거운 입맞춤 한 모금

임 걸어놓고 간 문풍경 울음에
아련히 흔들리는 초롱불

도시의 추상(抽象)

거대한 물고기가 하늘을 유영하고
발통 달린 짐승들이 우글거리는 거리에서
지느러미 없는 인어가 외장을 치고 있다

길 갓 불가마 수레에서 튀어나온
붕어들이 아무 종도 모르고
소리 큰 인어의 입속으로 빨려 들어간다

휘황한 용궁 낙원을 꿈꾸다 들어섰다가
물속이 아닌 뱃속이라는 것을 뒤늦게 알아차린
붕어들은 부랴부랴 구조 요청을 한다

검은 태 가면을 쓴 쾌걸 조로(Zorro)가
붉은 망토를 휘날리며
빌딩 숲 한복판을 무질러 찾아 나선다

그러나 쾌걸 조로의 내비게이션은
도로망 주소까지만 안내할 뿐
지느러미 없는 인어의 뱃속 주소는 모른다

광복절 태극기

산골 외딴집에
낡은 태극기 하나 걸려있다

기미년 아우내 장터에서
누님이 흔들던

광복의 환호성 위에서
만 천하에 온몸으로 휘날리던

그 깃발이
허리가 찢긴 채 매달려있다

인기척 없는
참전용사 할배네 문설주에

늙은 고라니의 울음

동살 버는 동천 사슴 마을에서
늙은 고라니 한 마리가
순정한 꽃사슴을 만났데요

맨땅에 서 있는 낡은 장막은
꿈꾸는 아기사슴들에게
너무 삭막한 회색 방이었데요

늙은 고라니와 꽃사슴은
꽃 심고 색 칠하여
알록달록 예쁜 장막으로 꾸몄데요

휘둥그레 놀란 아기사슴들은
이리로 저리로 자랑하고
엄마 사슴들도 덩달아 좋아했데요

어느 가을 하늬바람 부는 날
꽃사슴은 슬픈 눈으로
바알간 노을 속으로 떠났데요

그리고 그 후로
아무도
그 꽃사슴을 본 적이 없데요

동살 버는 아침, 노을 지는 저녁이면
늙은 고라니는 울음을 운데요
하늬바람 부는 쪽으로 머리를 두르고

비구니의 춤

춤을 춘다
훠이 훠이
여승이 바위 봉 위에서

덩실 덩실 더덩실

웃는 듯 우는 듯
고랑 깊은 서러운 눈
젖은 목소리로

얼쑤 얼쑤 얼씨구

숨 멎은 주정뱅이 아비
찬방에 뉘어 두고
복받치는 설움으로 튀어나온 외동딸

덩 덩 덩더꿍

합장향불 법당도 절간도
다 허물어버리고
숟가락 젓가락마저 던져 버리고

춤을 춘다
훠얼 훠얼
흙먼지 흩날리며

노인의 몫

노인은
자식 걱정 재물 근심으로 늙는다네

허나 자식의 인생은 자식의 몫이고
분에 넘치는 재물은 남의 몫인 것을
어찌 나의 몫이 아닌 것으로 근심 걱정을 한다던가
등 따숩고 배 고프지 않으면
내 몫으로 족한 것을

노인은 남의 몫으로 늙다가
북망산은 내 몫으로 간다 하네

제3부

당신의 탄일

비익조(比翼鳥)

서로 기대어 손깍지 끼고
창 너머 바라 앉아
도란도란 여보 남보

요기 파랑 대문 복동이네 집
조기 빨강 지붕 금동이네 방앗간
안보여도 다 보이고
안들려도 다 들린다

여보 핸들 쥐고 방향 잡으면
남보 브레이크 밟고 시동 걸어
일인 운전석에 이인일석
경운기 몰고 어장(漁場)으로 나간다

귀 먼 여보 눈 먼 남보
한 몸으로 달려가는 원앙 한 쌍
세상에 아름다운 풍경 하고 많아도
이런 비경 본적이 없다

참으로
어여쁜 전설이다

기린아 한솔아

생글생글 웃는다
사랑이
아장아장 걷는다
신비가

세상은 사랑으로 지어졌단다
네가 태어난 것처럼
세상은 신비로 가득하단다
네가 걷는 것처럼

그리고 세상 모든 것들은
저마다 아름다움으로 소생한단다
네가 꿈꾸는 것처럼

일곱 빛살 무지개 타고
초록별 나라로 온 지 한 돌
태양을 응시하는 독수리 눈빛에서
너 보낸 님의 뜻을 읽는다

아바 어마는
그 사명 오롯이 푸르라고
한솔이라 이름 지었다

유월이면

유월이면
나는 능소화가 된다

북향 문 문설주 타고 올라 아지 하늘이다가
무환장 허리 감고 울음 울다가
빨치산 오라 받고 황톳재 넘는 아바 부르다가
삼일우 천둥에 흠뻑 적시고 나면
고라니 울음 밟아 산등성이로 올라가
우우 몰려오는 물안개 두르고
묵은 이끼를 덮고
초록 물결 위에 드러누워 눈을 감는다
꿈에라도 아바 만날까

유월이면 나는
초록 바위가 된다

고운 꽃 하은아

방실방실 고운 꽃
어둠 뚫고 피어나
첫 돌 맞는 날

너로 하여
우리 안에 향기 가득
생기가 넘친다

품안에 예쁜 꽃
사랑이 움트고
소망이 피어난다

맑은 수정 눈망울에
지극한 임의
은혜 충만하여

하은이라 이름 짓고
두 손을 모은다

아픈 가을

바람에 베인 낙엽의 비명 사이로
물봉숭아 가슴 터지는 소리

나는 생목 부러진 꽃봉오리마냥
절망하고
저는 처절하게 가슴 찢어지는 아픔으로
앓아눕는다

달빛에 살을 에이는 아린 울음 너머로
당신의 억장 무너지는 소리

가을 한 잔

지금 우리는
어디쯤 가고 있을까

잠시 걸음을 멈추고
가을 한 잔하고 가세나
너 한 잔 나 한 잔

붙잡고 놓치고 싶지 않은
거나한 가을밤

부디 친구야
나보다 앞서 가지는 말거라

소산별곡(燒散別曲)

연지 찍고 분 바르고
고이 곱게 물든 단풍 한 잎
꽃방석 위에 눕는다

지르감은 눈 쓰다듬어
비단으로 봉인한 사각 둥지
불구덩이 안으로 밀어 넣는다

불꽃부리 위에 어미는
한 바탕 나비춤 사위다가
불 너울 헤집고
하얀 몸 조각 하나 건져내어
제 살 파먹이어 고물고물 키워 낸
아이들 품에 안겨주고
불 바람 한 줄기 타고 날아오른다

굴뚝 너머 파란 하늘 속으로
한 조각 비단구름
몽개몽개 흩어진다

행간(行間)의 생각

결국은 하나

처음도 끝도
너도 나도

그래서
인자(人子)는 알파요 오메가이고
하와(Hawwāh)는 갈비뼈이고
너와 네 이웃 또한 한 몸에서 비롯하였으므로

그러므로
서로 사랑함이 마땅하다 했던가

별바라기

지워지지 않는 별을 보고 있다

꺼졌다가 살아났다가
살아났다가 꺼졌다가
가물가물 반짝이고 있는 별

안보여도 있는
보여도 없는
그 자리에 그대로 떠 있다

끊어지지 않는 연(緣)을 읽고 있다
너로 하여금

옥루몽

훈장 한생에 피 떨고 남은 재산
토끼장만 한 봉와삼간(蜂窩三間)
울 아이가 백옥루(白玉樓)로 개비했네

안방 한 칸 마루방 한 칸 반에
골방 서재 겨우 반 칸이어도
정취는 곤명호 석방(石舫) 못지않네

하얀 돌배 한 척 하늘에 떠 있는 듯
은빛 네온 별빛으로 일렁이고
발아래 아리수 은하로 흐르고 있네

손에 닿을 듯 가까이 떠 있는
얼래달 불러 휘어진 등 타고
아이랑 거나하게 한 잔 기울이네

옥루에 부자 마주 앉아 건배하니
험난한 세간 만년 중에
이보다 더한 복 어디 또 있다던가

영월설매(令月雪梅)

포슬눈 살포시 이고
청아한 향기 뿜어

울퉁불퉁 백년 옥골(玉骨)
일년 생 파란 아지 마디에
벙그는 꽃망울

토라진 고운 님
벙긋 웃는 그 얼굴

임의 미소

봄바람에 꽃망울 터지더니
봄바람에 꽃잎 하나 떨어진다

피는 꽃 속에 지는 꽃
맑은 미소가 더욱 서럽다

저 안에 숨어 삼킨
울음이 그리 맑았어라

지는 꽃 피는 꽃
한 바람 봄바람이더라

봄비 망(望)

봄비 한바탕에
죽었던 난초가 마른 땅을 뚫고
새순을 올린다

때가 되면
죽었다가 살아나고
살기 위해서 죽는 것이라면
이어지고 끊어지는 인연 또한
그 안에 있으려니

가신 임 행여 되 오실까
봄비 오는 날

문득

문득 알았네
닿을 듯 닿을 수 없는 임이라며 투정하던
그 님은 이미 내 안에 있었음을

'님은 네 안에 있고
님은 사랑이시라' 하지 않았던가

그러하므로
나는 사랑으로 잉태(孕胎)되었고
그 태(胎) 안에 사랑이 없지 않았으니
님은 내 안에 있었던 것을

다만
지극한 피땀으로 짊어져야 할 형틀을
금은장 목걸이로 외식하는 사이
임은 이미 내 안에 있어도 없었다네

바위는

외롭지 않으냐고 물으면
빈 산이어도
아기 고라니 옹알이가 살갑고
이쁜 새 울음 다정도 하여
외로울 새가 없다 한다

그립지 않으냐고 물으면
빈 밤이어도
달빛 한 자락 내려 덮고
아기별 새근새근 품어 잠드니
더는 그리울 일이 없다 한다

하다가도
바위는 빈 옆구리가 시리다 말한다
지극한 그 님 계신 곳
너무 멀어 닿을 수 없기에

바오바브 나무

어린 왕자에게 뽑혀 던져진 이후
낯선 행성 열사의 땅에 거꾸로 처박힌 채

맨땅에 머리 파묻고
하늘에 뿌리 박아
물구나무로 서서 망향 천년

밤이면 유령처럼 몰려오는 와우(waw) 소리는
정녕 내 본향에서 보내오는 기별이언만
잃어버린 모어(母語), 도무지 알아들을 수가 없다

앙상한 뿌리 가지에 둥지를 튼
아퀼라 검독수리의 날 선 발톱에 할퀸
심장은 이미 선혈이 흥건하다

오늘 밤도 피 마른 야윈 영혼은
아스라한 은하에 빈 배 한 척 띄워놓고
참혹한 그리움 한 조각 실어 보낸다

울 아가야

어디를 갔다 왔느냐
울 아가야
네 바짓가랑이가 젖음은 왜이더냐

산짓동에 갔었느냐
네 빈 가슴 안으로 서러운 강이 흐르고 있다
온몸을 흠뻑 적시고 왔구나
홍시를 따러 갔더냐
부엉이 울음을 주우러 갔더냐

그 부엉이 울음 울던 날
아비가 비통한 황톳재를 넘어가고
어미는 서러운 비 맞으며 산짓동을 넘었단다
울 아가야 그 울음 아직 거기 있더냐

산짓동에 가거들랑
빨간 울음으로 익은 홍시를 따오거라
새벽 노을 버는 하늘 아래
서러운 강물 위에 달달한 감씨를 뿌리면
강물은 하늘로 올라가 단비가 되어
꽃밭을 적신단다

어디를 갔다 왔느냐
울 아가야
아비 어미가 네 눈시울에 젖어있구나

당신의 탄일

찬란한 칠월의 아침
당신이 태어난 날입니다
축하해요

번개 치고 산 무너지고
물 폭탄 쏟아붓던
거먹구름 틈 사이로
한 줄기 햇발이 눈이 부십니다

천둥 울음 우렛소리 뚫고
삼일우 음습한 계절에
곱게 피어난 흑장미 한 송이로
마당 안에 향기가 가득합니다

그렇게 고이 고운 빛으로
내게로 온 당신의 탄일입니다
고마워요 사랑해요

섬

가물가물
아스라이 먼바다 끄트머리에
섬 둘이 떠 있다

옆구리엔
파도에 할퀸 모진 자국이
갈비뼈처럼 앙상하다

아픈 틈새 비집고 움터 올라온 바람꽃이
벼랑바위 위에서
하얀 그리움을 흔들고 있다

아픔으로 피어오른
아련한 향기로
서로를 부르고 있다

아른아른
섬에서 섬으로

뱀의 혓바닥을 보았다

그날 하얀 소년은
하와의 순결한 영혼을 홀린
뱀의 혓바닥을 보았다

황금 비늘을 두른 인어공주였다
유연한 마디뼈 우아한 몸매로
구부리기도 하고 비틀기도 하면서
거꾸로 서 있는 바오바브나무를 타고 앉아
긴 목을 세우고 발광하는 눈빛으로
소년의 심장을 노려보고 있었다
꽃잎처럼 하늘거리는 두 가닥의 혀에서는
두 개의 화음으로 흐미* 환상곡이 흘러나오면서
달달한 꿀침이 혀끝에 닿는 순간
심장은 활화산으로 폭발하였고
영혼은 꽃구름 위로 둥둥 떠 오르고 있었다
몸은 몸으로 혼은 혼으로 포박된
진한 입맞춤은 죽어도 좋을 황홀이었다

그날 하얀 소년은
피난길 떠돌던 진나라 어부가 도달했던
복사꽃 마을을 보았다

* 흐미(呼麥) : 몽골 창법, 두 개의 소리를 동시에 내는 목 노래

구월

담장 너머 능소화 무성한 잎 사이로
노란 잎 한 잎

간밤에 가랑비 사이로 숨어든
가을 한 잎

작년 구월 마음 갈피에 끼워두었던
고운 님 그 님

제4부

너에게로 난 꿈길

고양이 유정(有情)

알록 검불겅이 야뻐장한 것이
눈자위를 세우고
궤짝 속에 웅크리고 앉아 있다

쓰다듬어주고 이름 불러줘도
가자미눈 흘기다가
후다닥 다락으로 숨어버린다

파란 눈빛 단서로 찾아내어
어르어 보지만 초리 서늘한 눈
창 너머 길에만 꽂혀있다

식음 전폐한 사흘 낮 밤
애잔한 실눈마저 조는 듯 자는 듯
가슴만 새근새근 미동도 없다

보릿고개 껍보리 방아 찧다
도곳대 박아 놓고 먼 길 떠난
엄마 기다리다 잠든 어린것처럼

허연 머리 새악시

두 손 감아쥐고 울음 쏟는
허연 머리 작은 어머니
뜸부기처럼 애처로웠다

초가삼간 아랫목에
족두리 쓰고 고이 곱던
새악시 허옇게 삭아
갈밤 외기러기로 앉아있다

생때같은 어린 것
종다리 둥지에 재우고
펄펄 뛰던 사슴아
소산터 연기로 사루던 날

섶벌 같은 지아비
황톳재 마루 넘다
땡감 구르듯 가던 날

당산나무 마른 가지
소쩍새 피울음에
애간장 다 녹아내리고

낯선 땅 사각 둥지에서
몸 겨우 보행기에 기대어
손 내어 젓고 있다

응보(應報)를 생각한다

문득, 어렸을 적
아랫집 왕할머니를 떠올린다

일첩반상 찬밥 반 보시기 받아 안고
빼꼼이 내다보는 할머니 눈이
오줌지리고 혼난 강아지마냥 불쌍해보였다

오달 아짐의 질러대는 삿대질
며느리 구박에 주눅 들다가도 안쓰런 눈으로
아비 없는 어린 것 머리 쓰다듬어주시던 할머니

더운 여름 어느 날
비바람 길 꽃가마 타고 나선 할머니는
다시 볼 수 없었다

삼우졸곡 옷 갈아입은 아짐은
부잣집 무남독녀 사위로 간 아들 따라
며느리 따순 밥상 받으러 서울로 올라갔다

추운 겨울 어느 날
눈보라 길 맨발로 나선 아침은
다시 돌아오지 않았다

훗날 아낙들의 우물공사에
며느리 구박밥 서러운 눈물이
물동이마다 그렁그렁했다

그믐달 모정

겨울 나뭇가지 사이로
그믐달이 나를 지켜보고 있다는 것을
사경 너머 새벽녘에 알았다

실눈 지그시 뜨고
내 작업실을 내려다보고 있었다
산등 너머 먼동이 터올 때까지
긴 날 허구한 밤
아득한 하늘에서 저렇게 울 어매가
나 모르는 사이
나를 지켜보고 있었던 것을

고희 너머
새벽녘에사 알았다

만년 회상

양자산 포란골에 터 잡아
부엉이 불러들이고
억년 바위 심어 봉래구곡 지어

가인 더불어 열세 번째 별 바라
띠뱃노래 은한으로 띄우고
부엉이 둥지에서 봉추가 알을 쪼던 날

창유리 수묵화 흐드러지던 삼경
고목 등걸에 소쩍새 울음 걸어놓고
진빨강 듬뿍 찍어 매향 우려내던 날

여강 물안개 벌어 차오르면
한 붓 위로 갈겨 벼랑 세우고
아래로 처 고랑 내던 날

물안개와 소쩍새 부엉이 말고는
아무도 기억해주지 않겠지만
나는 거기에 있었다네

부엉이 영토에

아기 고양이가 떠나던 날

풀무치 어르다 강중거리다가
펄쩍 뛰는 개구리에 놀라
어미 가슴팍으로 숨어들던

아기 고양이들이 안 보인다
풀숲 머언 발치에
애잔한 울음소리만 가물하다

마당 모퉁이 호정등 아래
늙은 아비 고양이가
사천왕 눈을 부라리고 앉아 있다

저만치 세월 너머 가난한 시절
할배 부릅뜬 눈발에 어린것 앞세우고
눈물바람으로 나서던 고모를 본다

두려운 계절

벗은 나뭇가지에
우듬지 망울 받치고 있는
마른 잎사귀 한 잎

꿈꾸던 계절
누구도 거역하지 못 했던
맹렬한 향기에
온 몸이 뒤틀린다

창성하던 시절
아무도 범접하지 못 했던
무쌍한 생기에
뿌리 뼈가 뽑힌다

마른 나뭇잎은
봄이 두렵다

살구꽃 소녀

이렇게 화창한 아침이면
뎅그렁 대문종 울리며
누군가 들어 올 것만 같은 봄날

먼발치 아지랑이 너머로
살구나무 아래 하얀 꽃잎 볼에 붙이고
손 내젓고 있는 아이가 서있다

밭고랑 무질러 겅중겅중 다가가면
바꿈살이 널어놓고
살포시 웃으며 반색하던

우 우 우 하얀 꽃잎 날리다가
소꿉 아이 머리 위로
한 잎 두 잎 내려앉으면

풋살구 떨어지는 날
새콤달콤 맛난 살구 한 움큼 주어
기다리고 있는 하얀 소녀

자화상

할머니 콩밭 매러 가는 날
따라나서는 아이 당목 치마 덮어 재우면
할머니 냄새 맡으며 잠들던 어린것

너는 김 진사 손자 할아버지의 손자이며
유 박사 손녀 할머니의 손자이며
재상지종(宰相之宗) 언양 김 가문의 아이란다
막된 아이들일랑은 놀지 말거라

머리맡에 헤진 초한지를 뒤적이며
항우와 우희 얘기를 들려주시던 울 할머니
파젯날 떡 접시 심부름 마다하면
남에게 이쁨받는 일을 싫다 말거라
이쁨도 지기서 나고 미움도 지기서 난단다

파랑 구름 쫓아 한양으로 봉천으로 떠돌다
공비 토벌하는 순사가 되어 돌아와
네 살배기 손잡고 삘기 뽑아주던 아버지는
추석 다음 날 해거름에 마당 쓸다
대문 밖 총 멘 빨치산 친구 놈 따라
말목 장터로 끌려간 뒤 돌아오지 못했다

황톳재 고구마굴 시쳇더미 헤집어내어
건져낸 지아비 안고 갈범울음 울던 어머니는
피란 밤길에 어린것 품고 잔등 넘다
이듬해 복중에 태아이 둔 채
다섯 살배기 손 못 놓고 세상을 하직했다

불면 날아갈세라 놓치면 깨질세라
어미 아비 없는 어린 것 시오리 하굣길
땅거미가 지면 대문 밖에 기다리던 할머니
우등상장 개근상장 반기시다
너는 아비 역마살은 닮지 말거라

백 년 고옥 터 지운(地運)이 소진하여
아버지 떠돌던 시절 노잣돈으로 사둔 빈터에
새집 상량 올리던 날 기와지붕 못 이어서
그렇게도 서운해하시던 우리 할머니
이담에라도 기와는 장손인 네가 얹어라

늠름한 장교가 되어 거수경례하는
손자의 손 꼬옥 잡고 슬픈 사슴 눈으로
총질은 하지 말거라 하시던 할머니

교사 발령을 받던 날엔 반색하시며
잘했다 선생질이 덕을 쌓는 좋은 것이란다

밤에 뒷간을 못 간다고 무섬을 타면
사내는 담이 커야 큰일을 한다며
호통쳐 내보내시던 할아버지
명문 고등학교 합격통지를 보여드리던 날
큰 공부는 해서 남 주는 것이란다
지 밥벌이나 할양이면 농사나 짓거라 시던

그 아이 그 작은 담으로
결국, 큰일은 못하고 제 밥벌이나 하다가
할머니 원하시던 기와 이엉도 못 하고
산골 농막에서 시나 짓고 군자 치며
아들아 큰돈은 벌어서 남 주는 거란다는 둥
씨 안 먹히는 말이나 하며 늙어가고 있다

그나마 유유하며 외롭지 않은 것은
교단 공덕 한 줌으로 안부 묻는 제자가 있어
안위하며 여령(餘齡)을 근근이 누리고 있다

사막의 추억

나는
억수비 쏟아지던 한 철에는
꽃동산에 서 있는 과일 나무였다

풀과 꽃이 무성한 사이로
벌 나비가 날아들고
뿔 달린 짐승이 뛰놀던 아로요* 물가에서
내 그늘 아래 쉬어 간 저들은
마술사의 비둘기처럼 모자 속에서 나왔다가
모자 뒤쪽으로 사라졌다

그들이 지나간 자리는
텅 비어 흔적도 없이 아물었는데도
저리고 아프다

그들은
마른 나뭇가지 사이로 지나간
바람이었다

* 아로요 : 'Arroyo' 우기에만 물이 흐르는 건천.

비오는 날의 환상

그날도 이렇게
물안개 자욱하고
굵은 빗방울이 지붕을 두들겼지요
우두둑 우두둑

우리는 두 가슴을 포개고
심장 하나로 박동하다가
뜨거운 피 거꾸로 흐르다가
활화산처럼 터지던
뭉클한 추억이
빗살에 섞여 쏟아지고 있어요

오늘도 그렇게
자욱한 안개 굵은 빗발 사이로
행여 당신인 듯
문 두들기는 소리가 들려요
덜커덩 덜커덩

그날

회색 구름 틈새로
햇살 한 아람
아기살처럼 쏟아지던 날

서 있는 강 두르고
허리 휜 갈대숲 저 안에 숨어
꿈꾸는 빨간 벽돌집에서
갈바람에 옷섶 풀어헤치고
앙가슴 깊이 묻어둔 잔불덩이 건져내어
호호 불어 마른 영혼에 불 지르다
졸고 있던 부엉이
후다닥 놀라
휘둥그레 노란 눈 궁굴리던 날

회색 구름 틈새로
사랑 한 아람
아기살처럼 쏟아지던 그 날

거나한 초상(初喪)

맨주먹 불끈 쥐고
제 몸 다 녹아내리드락 사남매 고이 길러내고
아비는 억울한 눈 차마 못 감는데
아이놈은 거나한 눈 취기가 넉넉하다

제 몸 파먹이어
바글바글 새끼 쏟아내고 거죽만 남아
죽어가는 벨벳거미를 본다

반 때의 하루

커피 향 그윽한 머그잔을 들고
햇살 부신 시월의 아침을 맞이한다

산새들 노랫소리 가만가만 밟아
한 걸음 두 걸음 소요 길에
고운 자태로 지고 있는 낙엽을 보면서

한 때, 의리 한 잔에 천하의 이치가 있다며
호기 등등 막걸리 잔을 건네던
그림자 같은 옛 친구를 추억하다가

두 때, 포갠 두 가슴 하나로 뛰는 맥박으로
시린 옆구리에 온기 채워주던
못다 한 인연을 그리워도 하다가

언제 끝날지 모르는 돌아가는 여정에
그리다 만 소작 낙관 못 찍고
임 부르실까 조금은 불안하지만

초록 별 낙원의 땅에
태어날 수 있었으므로 살아 있으므로
누릴 수 있는 오늘을 감사하며

꿈결 같은 선율로 일렁이는
노을빛 아늑한 저녁으로 마감을 한다

어둔 밤 찬 방

어둔 밤 밀창 안으로 호롱불 가늘 하고
거먹구름 사이로 그믐달 가물하네

할배는 구름 너머 황천길 나서는데
할매는 울담 너머 고손 마중길 나갔다네

찬 방 베갯머리에 저승문 열려 있고
비어 있는 방 안으로 달빛만 그윽하네

집으로 가는 길

노을이 지는 하늘을 바라보던 할머니가 그랬다
해도 구름도 하루살이를 다하고
때가 되면 곱게 단장을 하고 집으로 돌아간단다

그리고 그해 여름 노을 곱던 어느날
할머니는 세수를 하고 머리 쓰다듬고 앉은걸음으로
방문을 열고 들어가 긴 잠에 들어가셨다

콩밭 매다 던져주는 개똥참외 먹던 밭두렁 길 지나
휘황 번뜩이는 도회의 아스팔트길 건너
땅거미 질 때면 할머니 기다리던 신작로에 들어섰다

나도 먼 길 하루살이를 마감하고 노을 속으로
눈먼 할배 엉겅퀴 손으로 점자를 읽듯
더듬더듬 지극한 불빛을 따라 집으로 돌아가고 있다

어머니

어릴 적
어머니를 본 적이 있다
내가 작은 방 문턱에 턱을 괴고 내다보면
어머니는 발뒤꿈치가 나온 채로 고무신을 끌고 다녔다
어머니에게서는
당목치마에서 콩대 타는 매콤한 냄새가 났고
젖은 적삼에서는 젖내가 향긋했다
내 나이 다섯 살 때였다
그 이후로 울 어머니는
이월 그믐밤이면
새벽하늘에 금달로 떠서
애잔한 눈으로
나를 내려다보고 있다

바람의 별

잠 안 오는 깊은 밤

먼 나라에 있는 지극한 님 그리다가
아득한 하늘에 흔들리는 별들을 바라보다가
문설주에 매달아 놓은
문종 우는 소리를 듣는다

그리움이다가 기다림이다가
바람이었다

봄비

추적추적 내리는 봄비에
새록새록 추억이 돋아나네요

부엉이 날아간
벽돌집 두릅나무 우듬지에서

섬 소녀 어울다 간
거무내길 벚나무 꽃망울에서

분홍달 떠오르는
사월 밤 학발(鶴髮)의 가슴팍에도

호롱불 심지처럼
호록 호록

봄날은 가고

산골 외딴집 울타리에
누렁누렁 봄 널어놓고
한바탕 거만하던 개나리꽃

어느새 사나워진 햇살에
잿빛으로 시들어
연록 잎사귀에 넝마로 걸려있네

매달린 꽃잎이 안쓰러운 산 노인
어느 영화 이야기가
섬뜩, 비수처럼 스쳐 가네

나이 일흔다섯이 되면
불귀(不歸)를 스스로 선택하는 것이
우국충정이라는 '플랜 75'

산골의 봄날은 가고
선택의 계절은 이미 와 있었네

너에게로 난 꿈길

꽃등 고운 정원 속에
너를 가두어놓고
혼자 밤길을 되돌아왔다

심장에 빨간 불 밝히 우고
아모르 화살이 파라니 꽂혀있는
거무내*성 안에 너를 두고

까만 밤 어둔 강길
태곳적 낯선
칠흑을 뚫고 달아나왔다

보름달 구름 속에 갇혀있는
굽이굽이 후미진 길은
너에게로 난 꿈길이었다

* 거무내: 흑천(黑川), 남한강 지류

제5부

길 위에 시간 위에

강하도원(江下桃園)

재각 재각 재각
멈추지 않는 정적으로
고요 가득한 산방

천박한 열정은 비워내고
만족하는 마음만 채워지는
고귀한 왕좌에 앉아있다

눈물짓는 정복의 땅 벗어나
고독한 동굴 안으로 들어와
참으로 씨앗을 심는다

싹이 시들지 않기만을 바랄 뿐
열매 맺기는
그냥 놓아두어도 된다

재각 재각 재각
멈추지 않는 정적으로
만족하는 나의 낙원

길 위에 시간 위에

이 길이 맞는지
어디로 이어지는지
알 수는 없었지만

그냥 걸어갔다
길은 시간 위로
시간은 길 위로 나 있었다

길을 가다가
돌에 돌을 공들여 포개 올린
그림자 없는 무영탑을 보았다
절망하는 아사달을 만났다

길을 가다가
농익은 천도복숭아에 들러붙어
열심히 파먹고 있는 날타리 떼를 보았다
하루도 다 못 사는 하루살이를 만났다

돌아가는 길에서
까만 밤하늘 무질러 온 별 진 자리에

서 있는 십자가를 보았다
빛으로 온 갓난아기를 만났다

길 따라 시간을 달리다가
길 위에서 길을 잃고
시간 위에서 시간을 잃었을 때

내 머리 위에는
보이지 않는 십자성이 있었다

빈 골짜기에서 삶을 본다

누군가 맨 처음
빈 골짜기 들어와

고랑 물꼬 내고 불밭 갈아
석삼년 일구어 한 뙈기 두 뙈기
모진 목숨 이어간 두렁을 본다

가마 짓고 동이 구어 내어
이고 지고 양평장 삼십리 길
아린 삶 꾸려간 사금파리를 본다

남한강 아랫말 동오리 안골
저무는 햇발에 가마터 두렁 너머로
아리아리 거친 숨결을 본다

바위틈새 옹달샘
물 한 모금 마시다가

배추흰나비의 춤

뚝 뚝
파란 피가 떨어진다

집게 날 위에서 용트림을 하다
배추벌레 한 마리가
제바람에 동강 나버렸다

낭자한 선혈로
두 몸을 비틀어 혈서를 쓴다
본능은 죄가 아니라고

집게 위에서
하얀 나비가 춤을 춘다
살풀이장단으로

시라소니의 죽음

버려진 헌신짝처럼
뒷간에 쓰러져 숨을 거두었다네
그리도 앙칼지던 시라소니

오월 햇살 싱그럽던 빛고을
설한에 담가두었던 봄 노래 부르다
길바닥 낭자한 기린아 핏물 핥던

뜨거운 노래 서러운 울음
달맞이 언덕에 생으로 묻어놓고
덕지덕지 오욕으로 감발한 채

서리치는 어스름 아침
삭뼈 시리는 서북바람 속으로
북망 길 맨발로 떠났다네

내 안에 낙엽

산골에
소복이 쌓인 낙엽 중에는

색깔이 고와서 예쁜 낙엽
벌레 먹어 앙상해서 고운 낙엽
책갈피에 넣어두고 싶은 것들도 많은데

아무리 헤집고 뒤져보아도
줍고 싶은 고운 한 잎 보이지 않고
구린 것들만 그득하다

내 안에
수북이 쌓인 기억 중에는

외돌개 바위

억년을 저렇게 차디찬 바닷바람
홀로 맞서 있는
외돌개 바위는 서럽다 말한 적이 없다

밤을 지새워 잠 못 이루고
피를 토해내며 울음 우는 소쩍새 말고는
달이 뜨지 않는 밤이어도
홀로 꽃을 피우는 달맞이꽃도
남몰래 제 몸 안에 숨어 꽃 피우며
열매 맺는 무화과나무도
시리고 추운 계절 햇빛 한 모금으로
섣달그믐에 꽃을 피우는 철부지 개나리마저도
저마다 차마 말하지 않는
서러움 한 자락쯤은 품고 살아간다

남몰래
속으로 울음 울 뿐

발효 인간

맛을 내기 위해서는 숙성을 해야 한다 해서
한 인간을 콘크리트 곽에 넣어두고
먹물에 버무리고 밀봉을 하여
깊은 산골 숲 속에 묻어 두었다

석삼년을 우려서 뚜껑을 열어봤더니
향긋한 진액이 아니고
고린내가 진동한다

밀봉이 부실했던지
바람이 들어서 발효가 잘못되었단다

새벽 생각

나의 심장을 꺼내어
이 맑은 새벽에
동창에 걸어놓고 싶습니다

신선한 동살 받아
구린내 나는 질척한 핏물 걷어내고
펄펄 살아있는 맑은 피로
묵은 껍질 뜯어내고
선한 움 새로 돋우어 맑은 향기 뿜어내며
하늘 우러러 봄을 기다리는
몸뚱이 하얀
자작나무이고 싶습니다

그럴 수만 있다면

빈집

한밤중에 허기가 진다
가슴 깊은 저 안에서

밤새워 울던 소쩍새도 날아가고
새벽이면 벽을 갉던 가랑쥐마저 기척이 없고
문풍경 울음만 가늘게 새어 들어오는
빈집에 우두커니 앉아

창 너머 스치는 그림자 있어
행여 강 건너간 임 돌아와
차마 문 못 두드리고 서 있을지 몰라
얼른 문 열고 내다보니
지나가는 바람의 그림자인 듯

연 문 다시 잠근다
빈집 빈방에 나 홀로 가두어놓고

파랑새의 주검

나는 죽었다
한동안 사용했던 내 이쁜 몸뚱이가
낯선 집 유리창 밑에서 뒹굴고 있다

도무지 기억에 없다 목격자도 없다
허공을 날던 비적(飛跡)은 지워진 지 오래
아무런 자국이 없다
무지개다리를 건너 무질러 날며
파란 꿈을 좇던 회상만이 어른거릴 뿐

몸뚱이 벗어버리고 날개도 없이
돌아갈 수도 갈 곳도 없는 홀로 적막한 나는
지나가는 바람마저도 의탁할 수가 없어
황량한 허공중을 맨발로 나서야 한다

허망하다가 억울하다가
찬밥이나 뒤지고 다니던 집 나간 고양이가
돌아와서 내 빈 몸뚱아리 날갯죽지를
허적이고 있는 허기를 본다

기도

열사의 나라에서 길을 찾다가
어린 왕자는 꿈꾸는 하얀 낙타를 보았다

안개 끼는 아침이면 물구나무를 서서
눈시울에 맺힌 한 방울 이슬을 핥고 있는
딱정벌레의 눈물겨운 갈급을

뿌리를 하늘에 박고 부서지는 별 조각을
천년의 밤을 새워 기다리는
바오바브나무의 사무친 사연을

어린 왕자는 비로소 알았다
어느 가호(加護)를 내려받기 위해서는
거꾸로 서야 한다는 것을

소년의 우상

그는 아홉 살배기 어린 소년에게
찌푸차와 지에무씨 이야기로
맨 처음 세상을 보는 눈을 열어주었다

연필로 그린 성상을 바람벽에 걸어 놓고
홍두깨를 분질러서 만든 통기타를 두드리며
부르는 성가는 가슴을 뭉클 적시었다
회당 합창 단상에서 휘젓는 그의 두 팔은
하늘을 디디고 구름 떼를 휘몰 듯
그 기상의 충일은 천장을 뚫고 진동했다

그의 집착하여 몰입하는 눈초리에는
날 선 검광이 섬섬했고
눈망울 안에서 애수가 펄럭이었다
기세는 고대 로마의 막시무스 경주장에서
사두마차 콰드리가 전차를 몰아치는
유다 벤허를 떠올리게 했다

그런 그가 장막 안으로 들어간 뒤
봉창으로 새어 들어오는 세상의 빛살은

맨머리에 얼음장보다 시리었고
찬물로 헹군 눈은 문밖의 풍경을 거부했다

어느새 소발이 성성하여
솟구치던 열정은 그림자로 내려앉고
꿈꾸던 가슴 주름 안으로
여린 온기 한 줄기 살아 일렁이고 있다

그는 소년의 우상이었다

고독(孤獨)

멀어지다 문득 돌아보니
홀로 떠 있는 섬

너도 나도 그도
섬

섬은 섬이라는 것을 느낄 때
섬이 된다

그러나
섬은 이미 섬이었다

다만
나만 모르고 있었을 뿐이다

배 지나간 물거품

아이가 좋아라 펄쩍펄쩍 뛴다
배 지나간 자리
부글부글 끓어오르는 하얀 물거품을 보면서

아이는 모른다
그 거품이
아린 이빨로 잘근잘근 깨물어
가슴 찢어지는 아픔인 것을
그 거품의 아우성에는
온몸을 에어내는 서러움이
절절히 절여있다는 것을

하물며
저 거품의 속살 깊은 속에
남극 북극의 빙하가 녹아 서린 청정한
일기일회(一期一會)의 희열이 있음을
알 리가 없다

물안개

나는 저녁 물안개 속에서
개헤엄을 치고 있다

양자산 기슭 저만큼에
크막한 바위 하나가 잠수함처럼 떠오른다
저 바위만큼만 올라가면
그 누렁이 황소를 찾아낼 수가 있을 것 같은데
저만큼을 가기가 그렇게 힘이 든다
무자맥질을 하던 물까치들은 전혀 힘 안 들이고
푸드덕 날갯짓 두어 번에 안개 더미를 털고 날아올라
저마다 짝을 지어 줄줄이 산등성이를 넘어
반짝이는 빛으로 사위어가는데

나는 숨이 차다
아무리 허우적거려도 손발은 제각각
너무 무건 안개 더미 올무에서 헤어날 수가 없다
저 산등성이를 오르자면 남은 시간이 절박한데도

차라리 드러누워서 송장헤엄으로
물결치는 대로 둥둥 떠만 있으면
행여 지나던 누가 있어 지푸라기라도 던져줄까

나는 망망한 물안개 속에서
망연히 떠서 겨우 숨만 쉬고 있다
나 홀로

아스팔트 위의 돌부처

눈보라 치는 밤 길바닥에서
좌선(坐禪)에 들어간 하얀 돌부처들
어느 가피(加被)를 꿈꾸는가

환상으로 달리던 하얀 사슴
루돌프 캐럴은 엘레지로
낭만으로 내리는 눈은 눈물로
언 볼을 타고 흘러내린다

훌훌 눈 털고 들어서면
따끈한 된장국 보글보글 끓여놓고
엄마 기다리는
일상은 전설이 되어 아련하다

검은 하늘 검은 눈발 속에서
파란 아이 돌부처 너머로
젖은 깃발이 파닥이고 있다

이기적 생존자

나의 생(生)은
단 한 번도 이기적이 아닌 적이 없다
그렇지 않은 적이 있었다면
주입식 도덕심에서 일어난 오작동이었다

노을 진 강가에 나를 세워놓고
기적같이 살아남은 칠십여 해를 헤아려보면
뙤약볕에서 보릿단을 묶던 어린아이가
도시로 가는 버스를 탔던 일이며
사층 빌딩에서 길 잃고 헤매던 소년이
고사(考査) 지뢰밭을 비무장으로 뚫어냈던 일이며
소설 같은 로맨스를 찾아 나섰다가
귀순병처럼 눈물강을 건넜던 일이며
엎드려 배고픈 바구니에
가던 길 멈추고 동전을 던져넣던 일이며
아슬하고 오글거리는 것들이었다
그러나 죄였던 적은 없다

그러함에도
넘치는 잔을 움켜쥐고 있으면서도
목이 마르다. 아직도

벽돌집

소년(素年)은
사나운 폭설을 기다리고 있다

강물이 휘돌아 흐르는 나지막한 언덕 위에
어느 백작이 살았던 고성처럼
덤불 숲 두르고 숨어 있는 허름한 벽돌집
식은 것 말고는 무엇이든 빨아들인다
흐르는 강물도, 밤에 우는 부엉이도, 늙은 연인도
뜨거운 심장이 뛰고 있는 모든 것들을……
거기엔 대왕문어가 살고 있다고 누가 말했다
이끼 낀 돌계단을 오르다가
박동하는 심장에서 열기를 감지하면
쭉지 부러진 늙은 오동나무가 길을 가로막고
비릿한 무엇이 발목을 휘어감아
몽롱해진 육체를 빨아들인다
계단은 난간이 없다
오르기 위한 것이 아니고 추락이 목적이다
올라가 있는 것은 삭은 나뭇가지 위에서
노란 눈알을 궁굴리고 있는 부엉이가 유일하다
벽돌집은 지난여름 천둥 폭우에도
허물어지지 않았다

하얀 머리 소년은
아직도 식지 않은 심장으로
그 벽돌집에 갇혀있다

소심한 강

내 안에는 작은 강이 흐르고 있다
바닥이 보이는 얕은 강이

깊은 산골 바위틈에서 새어 나와
산새 노래 풀꽃 향기 아롱진
아기 고기들 조랑조랑 물장구치던
청정한 계곡수이었다가
어느 천둥에 찢어진 먹구름이
산비알 훑아낸 흙물과 화해하는 사이
번갯불에 놀란 소 떼들이
토해낸 탕물이 쏟아지던 날
겁먹은 강은 지레 변신을 하기로 했다
맑은 물에는 고기가 살 수 없다는
괴이한 설교에 통달하고
영양가 높은 흙탕물이 되었다

두문동으로 들어가 문 걸어 잠그고
오염된 일체를 청정하겠다는 내 진상이
산골로 되돌아가 수문을 닫고
청정옥수가 되겠다는 강에 다름 아니다

피아골의 흑장미

총알처럼 쏟아지는 빛발에
유월 흑장미가
생가시 돋우고 빠알갛게 피어 버는 날
어느 늙은 소년은
해묵은 가시로
절인 가슴에 피를 앓는다

문학세계대표작가선 1067

길 위에 시간을 조각하다

김재희 제3시집

인쇄 1판 1쇄 2025년 12월 5일
발행 1판 1쇄 2025년 12월 12일

지 은 이 : 김재희
펴 낸 이 : 김천우
펴 낸 곳 : **문학세계** 출판부 / 도서출판 **천우**
등 록 : 1992. 2. 15. 제1-1307호
주 소 : 서울시 광진구 구의강변로 85 강우빌딩 7F
전 화 : 02)2298-7661
팩 스 : 02)2298-7665
http://cafe.naver.com/chunwu777
E-mail : cw7661@naver.com

값 18,000원

ISBN 978-89-7954-973-7